JN408660

어느 풀잎의 랩소디

문학공원 시선 136

어느 풀잎의 랩소디

이의영 시집

문학공원

시집을 내며

두 번째 시집을 내려고 하니 첫 번째 처녀시집을 낼 때보다 조심스럽다.

첫 번째에는 시가 좋고 나쁘고를 떠나 시집을 낸다는 생각에 조금은 흥분하고 설렘에 들떠 있었던 것이 사실이다.

이제 시인이라는 이름을 단지 어언 10여 년이 훨씬 지났으나 정진이 늦어 아직도 아니 어쩌면 영원히 무명 시인이지만 그래도 나 자신은 시인이라는 생각으로 열심히 시의 세계 속에서 헤엄쳐왔다.

그러나 점점 더 시작詩作이 힘들어지고 그렇게 피를 말리며 어렵게 써 놓은 시들도 마음에 들지 않아, 많은 시간을 두고 다듬고 또 다듬었지만 그래도 자신의 마음에 드는 것은 몇 편 되지 않는다.

그런 시를 모아 두 번째 시집을 내려니 시집에 실리는 시들이 읽는 이들의 마음에 '얼마나 공감 내지는 감동을 줄까'하는 걱정보다 이 시집이 '혹 시문학의 질을 낮추는데 일조하는 것이 아닐까'하는 생각에 망설임을 가지게 했던 것도 사실이다.

하지만 나름대로 써놓은 시를 사장시켜버리는 것도 안타까운 일이라는 생각과, 그냥 써놓은 시들을 정리한다는 뜻에서 부끄러움을 무릅쓰고 묶어 또 하나의 시집을 만든다.

그렇게 유명 시인의 감동을 주는 훌륭한 시는 못되더라도 혹 이 시집을 읽는 어떤 독자들에게 조금이라도 마음에 위안을 드릴 수 있다면 더 바랄 것이 없겠다.

끝으로 졸작에 시평을 써주신 김용언 현대문학작가연대 이사장님 감사의 인사를 드리며, 끊임없이 형의 시에 성원을 아끼지 않는 동생 이사영에게 고맙고 감사하다는 말을 전한다.

2018.년 초가을

저자 이 의 영

형님의 시집을 보며

운동 삼아 자주 찾는 산책로를 따라 걷다가 한적한 곳에 놓여 있는 벤치에 앉아 잠깐 쉽니다. 살랑이는 싱그러운 바람에 기분이 좋아져서 주변을 살펴보니 참으로 많은 꽃과 풀들이 어우러져 있습니다.

평소엔 별생각 없이 스쳐 지나가던 풍경들을 오늘은 무엇엔가 끌린 듯 관심을 가지고 자세히 살펴봅니다. 하나같이 모두 다른 모양으로 자라고 있는 수많은 풀과 꽃들. 색깔, 형태, 균형, 조화, 거기에 더 해 향기로움에 이르기까지 그 디테일 속에 감추어진 아름다움과 신비로움은 정말 과장 없이 경이롭고 신기하기 조차합니다.

어떻게 이렇게 생겼지? 어떻게 저런 색깔이지? '아름다운 꽃'이라는 말은 수도 없이 써온 터였지만 진심으로 꽃이 이렇게 아름다운지를 가슴으로 처음 느껴봅니다. 풀들은 비교적 단조로운 색깔이나 형태에도 불구하고 그 단순함 속에 느껴지는 완벽함에 오히려 더 큰 감동을 줍니다.

참 어처구니없게도 내 가장 가까운 곳에서 자연이 나에게 베푸는 기적을 이 나이가 돼서야 겨우 눈치채게 되다니. 더군다나 나는 아직 그 꽃과 풀들의 이름 하나 제대로 아는 것이 없음에도 말입니다.

사실 우리 집 베란다에는 아내가 정성들여 가꾸는 화초 화분이 대략 90개 정도가 있습니다. 그 정성 덕에 사시사철 꽃 속에서 지내지만 나는 아내의 화단을 그저 그녀의 놀이동산쯤으로 여겨 관심을 크게 둔 적이 별로 없습니다. 가끔 아내가 '너무 예쁘지 않냐'고 감탄하며 물으면 그저 아내의 정성과 성의에 대한 예의에 겉치레 감탄을 하곤 합니다.

오늘 집에 돌아와서 베란다를 바라보니 그곳에 완벽한 삶의 세계가 있습니다. 내 옆에서 늘 열려 있었던 그 세계 속으로 오늘 처음 들어가 봅니다.

세상을 살면서 내가 직접 보고 듣고 경험한 것들에 대해 내가 느끼고 공감하고 감동하는 것들은 얼마나 될까요? 내 주변에 늘 나에게 열려 있는 세계지만 이런저런 이유로 다가 가보지 못한 그런 세계는 또 얼마나 많을까요?

그중의 하나가 형님의 시의 세계입니다. 평범함 속에 숨겨져 있는 알 듯 모를 듯 다가오는 형님의 시의 세계 늘 곁에 있지만 크게 관심을 가져보지 못했던 세계 그런 시의 세계 속에서 완숙을 이루기 위해 칠십 중반의 적지 않은 나이에 늘 인생의 예봉을 단련하시는 형님을 존경하고 그런 형님으로부터 많은 위안을 받습니다.

내일 지구의 종말이 오더라도 한 그루의 사과나무를 심겠다는 명언 구절이 형님의 인생행로 위로 별처럼 빛납니다.

부디 건강하셔서 주변에 늘 열려 있지만 다가 가보지 못한 세계 속에 감추어진 많은 아름다운 이야기들을 형님만의 시어로 전해주시어 저희에게 감동과 울림이 있게 하시고 점점 어리석음의 미로 속에 빠져들고 있는 세상을 향해 형님의 예지가 담긴 진리의 촛불을 저희에게 밝혀주시기 바랍니다.

2018. 늦여름.

동생 사영 드림

차례

2011년 작품

2012년 작품

2013년 작품

2014년 작품

2015년 작품

작품해설

2011년 작품

어느 겨울날에

바람이 붑니다.
시베리아 대륙을 거쳐 온 삭풍
내 마음에 눈보라를 일으키고
내 피를 얼게 하는

지금 난
알몸으로 이 바람을 맞습니다.
당신으로 하여 입혀졌던 옷들
내 몸을 데우고 끓게 했던 옷들이
당신으로 하여 다시 모두 벗겨지고
겨울나무가 되어

바람이 찬 것이 아닙니다.
눈보라가 추운 것이 아닙니다.
외골수로만 뻗어가던 내 신근伸筋[1]이
벼락 맞은 고사목이 되어
타버리고 고갈된 마음 때문입니다.

---

1) 신근伸筋 : 척추동물에서 사지를 뻗는 작용을 하는 근육의 총칭

별리

동쪽 하늘이 밤새 잉태한 아폴로의 출산을 위해
마지막 산고를 치루고
밤의 여신 닉스는
아직 어둠의 끝자락을 채 거두지 않은 시각
붉은 눈을 비비며
밤을 새운 미련의 조각들이 마른 눈썹에 매달려
조락凋落[2])을 기다릴 때
먼 데선 낯선 기적이 운다.

홀씨들이 모두 날아가 버린 민들레 민머리처럼
간직하고 키워왔던 꿈의 조각들
홀씨처럼 허공에 날려버린
허전하고 마른 줄기엔
봄바람도 거센데
낮게 찌푸린 하늘에는 구름이 일고
서리처럼 찬비가 내린다.

---

2) 조락凋落 : 차차 쇠하여 보잘것없이 됨.

임의 무덤가에서

자작나무 가지에 연둣빛 그늘
뽀얀 길이 열리고
양지 언덕
그대의 무덤가에 민들레 피어나면
다시 찾아오는 황색의 계절

남풍에 실려 온
연초록 물결 아래
두견이소리에 밤새워
진달래꽃 화전에 막걸리를 마시며
노래하던
그대 모습이
나비 등에서 나풀거리오.

지금
그대 머무는
청산에도 봄풀이 돋고
진달래 우련하고
나비도 꽃을 찾으련만
그대 떠난 후 이 계절은
나에겐
아직도 겨울이라오.

옥양목

옥양목 저고리 소매 걷어 올리어
개숫물에 조가비 닮은 손 담그며
우렁각시처럼 어여쁘던 임이여.

젖은 손 옥양목 앞치마에 닦으며
도시락가방 건네주면서
홍조 띤 엷은 미소가 꽃 같던 임이여.

다듬잇돌에 옥양목이불보 올려놓고
목화꽃이 피도록 방망이질하며
이마에 구슬땀으로 한을 씻던 임이여.

양잿물로 하얗게 빤 옥양목바지
숯불다리미로 다리며
얼굴 한 가득 불꽃이 피던 임이여.

세월의 그늘 속으로 옥양목은 사라지고
임 또한 방초의 풀꽃이 되시니
옥양목 위에 피던 임의 자취
이제는
추억 속에 한 폭의 그림입니다.

환생

임이여!

봄꽃 같은 임이여!
우린
다음 세상에는 어느 별로 갈까?
하늘이든 땅이든 물속이든
그대와 함께라면
못갈 곳 어디 있을까?

여름 무지개 같은 임이여!
우린
이 세상 다하면 어느 하늘에서 만날까?
반세기를 함께 넘은 영육의 세월인데
백리 밖 그대 흔적인들
내 어찌 못 찾을까.

가을 하늘 같은 임이여!
우린
북망산에 들면 무슨 꽃을 피울까?
경치 좋은 신선봉에 예쁜 정자 세워놓고
한 쌍에 원앙이 되어
천년 깊은 꿈을 다시 한 번 빠져볼까?

나의
나보다 더
나 같은 임이여.

길 좀 가르쳐 주소

누가 나에게 길 좀 가르쳐 주소.

나는
나의 앞에 길이 있기에
그냥
그 길이 내가 걸어야 할 길이라 여기고
그 길을 따라 어정어정 걸어 여기까지 왔는데

갑자기
눈앞이 아득하오.

어제까지는
햇빛도 비치고
진흙탕에 돌멩이는 굴러도
비틀대면 걸어왔는데

오늘 아침 깨어보니
어둠이 내리고
거센 바람마저 불어
당황하고 정신까지 혼미해져

온 길도 갈 길도

분간이 안 되어
한 발짝도 못 움직이고 허둥거리고 있다오.

이런 나에게
길 좀 가르쳐 줄
거기 누구 없소.

기도

세상이 아직 잠에서 깨어나기 전
엷게 드리운 여명의 빛을 받으며
인자한 미소를 띠우시는
당신의 발 아래 꿇어앉아 두 손을 모읍니다.

때로는 돌덩이가 되고
때로는 가시가 되는 인생의 굴레로
달빛이 드리운 창에 지나가는 미풍이 하는 노크도
오동나무 그림자의 설핀 인사도
가늘게 떠는 문풍지의 가날픈 울음조차
상처진 가슴에 길이 되는 긴 밤을 지내고

엉켜버린 실타래 같은 심사
포탄 맞은 쑥대밭 같은 머릿속
깊은 물에 잠겨 터질 것 같은 가슴을 안고
당신을 찾아 무릎을 꿇었습니다.

나를 창조하신 이여!
모닥불 위에 놓인 검불 같은 가슴
물 빠진 웅덩이에서 퍼덕이는 물고기 같은 심정
소금에 담가 절어버린 배춧잎처럼 지친 몸
이런 나를 당신의 긍휼에 맡기오니

구하소서.
나를

떠나는 임

그 임이 떠난답니다.
흐리고 바람 불고
비가 오는 데
이 아침에 그 임이 떠난답니다.

임에 눈길에 몸이 저리고
임의 웃음에 가슴 설레던
난
그 임께 보이려고 마련한
오색실이 든 봉지를 뜯지도 못했는데
뿌리치며
이 아침에 그임은 떠난답니다.

터진 봉지에서 흩어지는 무지개 실은
새털보다 가볍게 날리어 사라지고
설레이던 가슴엔 눈물어린 원망이
기쁨으로 저리던 몸은
슬픔으로 무너집니다.

임이여 가신다니
잡지 못해 보냅니다만
하늘 아래 어느 한 곳에

타는 모닥불 가슴에 안고
그대 기다리며 세월을 꼽는
나 있음을 잊지 마세요.

밤의

먼 들판이 땅거미에 묻히면서
앞산 그리매가 어둠 속으로 사라지고
눈앞이 길조차 보이지 않게 되면
어두운 밤의 세상이 된다.

밤은
그렇게 와서 온 대지를 덮어
암흑에 잠기게 하곤

어둠 속에서 허둥대는 것들을
깔깔거리고
그 속에서 애욕과 환락에 들뜬 것들을
깔깔거리고
그리고 또
그 어둠의 틈을 타는 것들을
깔깔거린다.

이렇게 웃다 지쳐버리면
하얘진 얼굴에
엷은 비소誹笑를 띄우고
느물거리며 서쪽 뫼를 넘어 사라져간다.

돌아오는 밤에 또 다른 깔깔거림을
준비하며

이별사離別辭

이제 그만 떠나렵니다.

나의 눈길 미소 몸짓에 하나하나 반응하며
나를 기쁘게 하던 당신에게
나의 큰 웃음도, 내 볼에 흐르는 눈물도
오히려 짐이 된다면
당신과 같이 걸어가던 이 길이 더 이상은 나의 길이 아니기에
그만 떠납니다.

돌아서는 가슴엔 눈물이 쌓이고
걷는 걸음마다 탄식이 떨어지고
내일이면
아니 돌아선 이 순간도 당신이 그리웁지만
잘못 쏜 큐피트 화살로 난 상처가
피고름으로 변하기 전에
아니
당신의 마음 한 귀퉁이에
희미하게나마 나의 그림자가 얹혀 있을 때
그때
그만 떠나렵니다.

채우지 못하는 꿈

바람 부는 날
오동나무에 걸린 가오리연을 봅니다.

바람이 불면 바람타고 하늘로 날아오르고
바람이 잦아들면 땅으로 내려오던 연이
오동나무 윗가지에 걸려
하늘로 오르지도
땅으로 내려오지도 못하고
바람에 찢겨져 나간 헌 몸을 흔들고 있습니다.

그 모양을
오동나무 잎새들이
하하거리고
가지에 앉은 새들도
짹짹거립니다.

가오리연은
하늘을 높이 날던 날의
그 충일함을 잊지 못해
지금도
바람이 불적마다 고개를 들고
본능적인 몸짓을 하고 있습니다.

어떤 고백

플랫폼에 나를 남겨놓고
기차는 떠났습니다.

붙잡고 매달려도
바람 속으로 떠났습니다.

'어디로 가느냐'는 물음엔
긴 기적소리만 한 가닥

연둣빛바람이 불던 날
그렇게 떠났습니다.

보랏빛 눈물을 흘리는
나를
플랫폼에 버리고

거짓말

거짓말이란
양날의 칼과 같지요.
안 하면 아플 것 같고
하고 나면 더 아픈

또
그것은
봄꿈 같지요.
꾸기 전엔 유혹적이지만
깨고 나면 더 씁쓸한

정말!
거짓말이란
양귀비와 같아요.
꽃은 화려하고 소량을 먹으면 약이 되지만
많이 먹거나 계속 먹으면
몸과 마음을 해치는

그대 떠난 뒤

그대가 떠나던 날
오월 창문엔 뿌연 안개비 뿌리고
길을 활짝 열었던
목련이 진다.

내 마음은
비 맞은 토담
종일 우울한 뜰을 서성인다.

눈에 잠기는 그대의 흔적
나누어줘야 할 그대는 없는네
마음 주머니가 무겁다.

흐려지는 망막에
희미하게 보이는 사진 속 그대는
웃고 있는 그대
젖은 손수건엔
그리움 대신 원망이 쌓인다.

하루 또 하루

세상 길 열며
하루 또 하루

세상 길 가며
하루 또 하루

세상 길 돌아보며
하루 또 하루

세상 길 닫아가며
하루 또 하루

하루가 열리고
하루가 닫히고
하루하루가 흔적이 되네.

그대는 G선상의 아리아

그대는 G선상의 아리아
나의 가슴에
　　비를 내리고
　　서리를 맺게 하오.

그대는 G선상의 아리아
나의 마음을
　　불붙게 하고
　　모닥불처럼 타게 하오.

그대는 G선상의 아리아
나의 영혼을
　　일어나게 하고
　　뛰어오르게 하오.

그대는 G선상의 아리아
나의 모두를
　　흔들어 들뜨게 하고
　　회오리가 되어 휘돌게 하오.

그대는 G선상의 아리아
나는 그대의
　　바이올린
　　첼로
　　그리고
　　그대의 손끝에 현絃

눈물

눈물!

그것은
감동의 샘에서
기쁨의 표주박으로 뜨는 샘물입니다.

그것은
슬픔의 우물에서
서러움에 두레박으로 퍼 올리는 물입니다.

또한
그것은
영광의 호수에서
감격의 노를 젓는 것 것이고

분노의 용광로에서
터지는 쇳물을 흘리는 것이며

반가움의 꽃동산에
행복의 꽃비가 내리는 것입니다.

눈물이란 그런 것입니다.

종이배

예쁜 색종이로 종이배를 접어
강물에 띄워 보냅니다.
사모思慕를 실어
갈 수 없는 그대에게

강물 따라 흘러가던 종이배
물살에 쓸려 강물에 빠지면
나의 사모思慕도 함께 강물에 빠져
헤어나지 못하고 물결에 휩쓸립니다.

소용돌이 급물살에 종이배가 풀리면
사모思慕도 풀리어
강물 속으로 자취를 감추지만
세월의 모퉁이에 걸려 있는
지워지지 않는 흔적에

나는 다시 종이배를 접습니다.

고개를 넘으면

분노의 고개를 넘으면
끓어오르던 혈루 사라지고
뭉쳐있던 멍울은 풀려
귓불을 스치는 바람이 상쾌해진다.

욕망의 고개를 넘으면
얽혀있던 마음은 여유로워지고
허허로워진 가슴 풍성해지는 여유
벌레 먹은 장미가 눈에 뜨인다.

절망의 고개를 넘으면
먹먹했던 가슴 뚫리고
창가에 지저귀는 새소리
길모퉁이 한 송이 들꽃이 아름답다.

미움에 고개를 넘으면
삭막했던 얼굴엔 웃음꽃이 피고
새벽별 내리는 하늘에
반짝이는 형제별 정겹다.

2012년
작품

계절의 음색

봄날!
진달래 꽃잎에 어린
흰 나비의 연둣빛 꿈을
욕심껏 따 먹은 두견이
넘쳐나는 봄기운을 이기지 못해
새벽이 되도록 울었다.

여름!
새빨간 장미꽃 위에서 부서지는
타는 듯한 태양의 열기를
디지도록 따먹은 매미
뜨거움을 이기지 못해
한낮 미루나무 위에 성하의 푸르름을 토해냈다.

가을!
하얀 들국화 무리 위에서
달빛이 시새우는 계절의 음영[3]을
한껏 따 먹은 섬돌 밑 귀뚜라미는
건넛방 문틈으로 새어나오는
누이의 긴 한숨이 서러워 깜만 밤을 새워 울었다.

---

3) 음영 : 색조나 느낌 따위의 미묘한 차이에 의하여 드러나는 깊이와 정취

겨울!
눈보라 속에 더욱 화려해지는 눈꽃의 요기妖氣로
넘치도록 허기를 채운 해오라기는
저리도록 시린 가슴을 울지도 못하고
얼음 낀 물가에 홀로 서서
여울에 어린 하늘만 바라본다.

탑

바람이
긴 세월을 이긴
탑 주위를 휘돌다 긴 파문이 된다.

옛 장인의 혼이
푸른 하늘을 이고
이끼 끼고 깎기고 삭아진
몸과 얼굴을 하고
먼 후손을 내려다보고 서있다.

닳아지고 헐은 몸매에는
간난의 비바람 눈보라 속을 견뎌온
수백 년이라는 세월이 덮개처럼 짙게 앉아
장엄하면서도 애잔하고

탑의 층층마다
바래고 씻겨나간 살결마다
새겨진
겪어온 설움의 세월과 영광의 때를 살고 간 혼들이
오늘을 사는 이들에게
지난날을 말해주고
내일을 준비하게 하려고
오가는 사람들의 발길을 잡는다.

기다림

하늘엔 이른 별들이 깜박이고
그늘도
잦아들어 버린 앞산에서
불어오는 바람이 나르는
산비둘기의 울음소리가
적요寂寥를 더하는
토요일 늦은 저녁

"아침에 지붕 위에서
까치가 울었는데, 까치가…" 중얼거리며
실루엣처럼 떠오른 앞길을 바라고
행주치마에 젖은 손 닦으시며
마당 끝머리에 서성이는 어머니

누구를 기다리실까?

몇 번을 뒤적였을
사위여가는 화롯불에서 졸아드는 된장찌개
그와 같은 마음으로

그분이 오셨습니다

그분이 오셨습니다.

붉은 동백꽃 잎에 입 맞추고
청보리밭골로 부는 바람을 타고
몽실한 버들강아지의 볼을 비비며
노랑나비 날개 춤에 실리어

지난 봄
너무나 갑작스런 이별에
비수 같은 마음으로
나는 눈감고 귀 재우고 마음 닫으리라.
옹골차게 다짐했지만

민들레 노란 꽃잎 위에 가물거리는
봄기운으로 내리신 그분이
속살거리는 속삭임과 태우는 간지러움에

속절없이
나는 깔깔거리며
그분을 맞이하고 맙니다.

순천만

수천 년
세월이 묻어 있는 갯벌에
싹을 틔우기 시작하던 때부터다.
갈대가
넋과 한을
가냘픈 줄기로 키워
수백만 흰 꽃술에 달아
바람에 띄워 보낸 것이

손짓 몸짓으로 전하는
갈대의 이야기는
이야기가 아니라
참지 못해 터지는 함성이었다.

마른 목이 쉬도록
머리가 하얗게 희도록
울어야 뿌리를 뻗는
갈대의 천형의 고독을

석양을 나는 갈매기가
한 가닥 긴 울음에 실어 보낸다.

추억

자작나무 숲에 들면
하얀 분냄새가 난다.

살랑거리는 나뭇잎에 부딪히는 햇살이
진초록 구슬로 떨어지고
산새들 지저귀는 소리에
그 임의 콧노래가 더하면
한 가닥 야상곡이 귓가에 머물고

퍼져오는 풀꽃 향기에
그 임의 체취가 더하면
방초芳草 동산에 노루가 되고

지나가는 바람이 귀밑머리 날리고
비껴드는 햇빛이 임의 흑발 위에서
무지개를 꽃을 피우면
나는 숲속에 꿈꾸는 왕자가 됐다.

자작나무 숲에 들면
지금도 하얀 분내음이 난다.

계영배戒盈杯

계영배!
구한말 거상인 임상옥이 가지고 있던
채우기를 경계하는 잔
가득 채우면 모두 다 흘러나가 비워지고
7할 정도를 담으면 고스라니 다 있었다는 잔

이 잔이 임상옥에게
상업의 도를 가르쳐주고
조선 제일의 거상이 되게 하였단다.
아니 잔이 해준 것이 아니라
그 잔이 가지고 있는 혼불이

계영배!
그것은
오늘을 사는 우리에게
무엇이든지 가득 차야만 만족하는
우리에게
꼭 필요한 잔이 아닐까.

서러움은

섧다.
세월이 남긴 흔적들이 나를 섧게 하는데

나
섧다 섧다 해도
'섧기는 무슨'하는 그대가 섧고
세월이 남긴 자국을
서러워하는 내가 섧다.

석양이 아름답다고 하는
내가 섧고
그것을 아름답게 볼 줄 모르는
내가 더욱 섧다.

그래서
너와 나
우리는
섧다.

무슨 꿈을 꾸십니까

꽃비를 쏟으며 호숫가를 지나는 봄바람이
수줍어 고개 숙인 수양버들을
간질여 살랑살랑 몸짓하게 만드는 저녁
당신은
무슨 꿈을 꾸십니까.

고요가 깊어가는 한 밤
푸르른 달빛을 뽀얗게 부서뜨리고 있는
목련의 하얀 자태가
요염하다 못해 요기를 느끼게 하는 한밤
당신은
무슨 꿈을 꾸십니까.

온 밤을 혼자 지킨 달이 서산에 걸리고
서서히 어둠을 잃어가고 있는 앞산
부엉이의 나지막한 울음이 서늘한 새벽
당신은
무슨 꿈을 꾸십니까.

나의 까만 밤은 하얗게 되는데

자유로

자유로 하늘 위로
해무가 어린다.

60여 년을 넘어도 아직 아물지 않은
상처 위로
굴레처럼 감긴 철조망
저녁하늘도
불그레하다.

물가에 앉아
갯벌을 뒤지는 물새들
북에서 흘러온 강물에서 소식을 고르지만
귓가에 머무는 건 빈 바람소리뿐

북으로 달리다
강물에 머리를 처박은 자유로는
하얀 얼굴을 하고
뛰는 박동을 멈추지 못한다.
내달리고 싶은 마음에

철 늦은 꽃밭에서

국화 꽃잎 위에서 흰 달빛이
이슬이 되고
달빛에 가려진 별들이
땅으로 내려와
별꽃 무리를 이루는 밤

붉은 백일홍은
눈물 되어 떨어지고
삶의 매듭처럼 까맣게 맺히는 씨앗에는
지난여름 전하지 못해
날비[4] 맞아 설어버린 사연들이
꽃밭을 적신다.

시든 가을 꽃잎에 떨어지는 기러기 한숨이
저리도록 서러운 귀뚜라미는
뒤뜰 오동나무 그림자가 길게 드리울 때까지
그렇게 울었다.

---

4) 날비 : 비가 올 것 같은 징조도 없이 내리는 비.

윷놀이판

길을 떠났다.
산에 진달래가 피기 시작할 무렵

목적지는 알지만
어떤 길로 가게 될지
언제 끝날지도 가늠이 안 되는
그런 길
윷놀이 판 같은 길을

운運과 묘妙에 따라
높아지고 낮아지기도 하는
이 길에서
윷과 모를 고대하지만
늘 도와 개에 치이고 걸에 울면서
떠밀리듯 온 길

지금도
그 길 위에서
엎어지고 자빠지는 윷가락에
울고 웃으며
동[5]처럼 가는

---

5) 동 : 윷놀이 판의 말을 이름

너
나
그리고
우리

무엇을 주시렵니까

높고 높은 곳에 계시는
귀한 분이여!

문득 문득
성난 코브라 머리 들 듯
빳빳이 고개 들고 일어나는
욕망에 떠는 나에게서
무엇을 보셨습니까?

구린내 나는 쇠똥에
날아드는 쇠파리같이
먹잇감이 있는 곳이라면
얼굴에 뱉어지는 침쯤은 애교정도로 여기며
달려가는 나에게서
무엇을 보셨습니까?

노래를 부르다
부리에 물고 있던 물고기를
잃어버린 까마귀같이
손에 주었다고 양양해하다
먹잇감을 놓치곤
한탄과 시름에 빠지는 나에게서

무엇을 보셨습니까?

높고 높은 곳에 계시는
귀한 분이여!
당신은
이런 나에게서
무엇을 보셨고
또
무엇을 주시렵니까?

겨울밤에

삭풍 몰아치는 겨울밤에
김이 모락모락 나는 호떡 하나 사서
호주머니에 넣으며
웃는다.
즐거워하며 맛있게 먹을
세 살 박이 딸애를 생각하며

눈보라 이는 겨울밤에
따끈따끈한 호떡 하나 사서
호주머니에 넣으며
미소가 번진다.
호떡 받으며 지금도 수줍어할
둘째를 가진 아내 생각에

그리곤
'언제나 안흥찐방 한 상자를 사서
딸아이와 아내가
맛있게 마음껏 먹을 수 있게 해줄까'

콧등이 시리다.

상사몽

나는야 간다.
노란 낙엽이 꽃송이 되어 쏟아지는
가로수 은행잎을 밟으며
그리운 이를 찾아

어거지로 매어있던 고삐
매듭은 풀리고
재속에 묻혀있던 불씨
소슬바람에 노란 불꽃으로 피어나
가슴 가득 차오르니

나는야 간다.
단풍나무 사이로 난 길을 따라
흔적처럼 피어오르는
그리운 이를 찾아

가을을 걷다

산속 오솔길
낙엽을 차며
가을을 걷는다.

차이는 낙엽은
발끝에서 설움지고
아침나절 내린 찬비에 젖은
계절의 끝자락이
빈 가지 끝에서 파르르 떤다.

듬성한 가지 사이
허해진 둥지에서
산새들도
얄팍해져 가는 날빛을
부리 위에다 비비며 스산스럽고

갈나무 가지에 휘도는 바람이
내 맘처럼 허허롭다.

산속 오솔길
'누구라도 함께' 하며
가을을 걷는다.

2013년 작품

짙은 몽환

가자!
앞산 그리매도 잦아든
동산으로
풀꽃 향기 짙은 자궁의
약동하는 생령들
그 붉은 넋들이 우리를 부른다.

가자!
그곳에선 귀촉도 울고
잠들지 못하는 밤의 정령들이
심정의 은하 이래
숨 가쁜 꿈의 향연을 벌인다.

오너라.
어서 오려무나!
풍선 같이 부푼 나
스치는 바람결
산비둘기 잠결 소리에도
뛰는 가슴은 폭주하는 열차가 된다.

오너라.
새벽 별이 서산에 걸리고

먼 곳에서 첫닭 울음소리 들리고
향연의 모닥불도 꺼져가려는 도다.
나의 가슴엔 말간 촛농이 녹아내고

황혼에

누가
종다리 같이
연자색 하늘에서 뱃쫑거리는
나의 이 춘심을 알까.

누가
민들레 꽃 위에서
나풀나풀 춤추는 노랑나비 같은
나의 설레임을 알까.

누가
아지랑이처럼
가물가물 피어오르는
내 마음을 알까.

누가
두견이소리에
홑자리 베갯가에 애 닳는
나의 심정을 알까.

누가
시들어 가는 들꽃 같은

나의 가슴에 고인
맑은 샘물을 알까.

백일홍

그대 곁에
한 송이 꽃으로 머물리라.

비 오는 봄날
모종을 심는 그대의 손안에서
그대 향기 맡으며
보랏빛 꿈을 품으리라.

가끔 곁을 지나는
그대의 발자국소리는
설레임이 되리라.

붉은 태양 아래
온몸의 정기를 꽃봉오리에 모을 때
그대의 환한 웃음을 그리며
용기를 얻으리라.

때때로 꽃잎 위에 머무는
그대의 눈동자와 엷은 미소에
기쁨으로 온몸을 떨리라.

무서리 내려
꽃잎은 떨어지고
시든 몸은 흙 속에 묻혀도
나의 혼은 땅속에서
당신을 위해 다시 피울 날을 참으리라.

여행

하루를 나선다.
새벽
안개처럼 피어오르는
기대를 가지고

달리는
자동차 바퀴에는 떨어뜨려놓은 일상이
따라 구르고
차창에 부딪치는 바람은
어디 거기쯤에 대한 궁금증을 재촉한다.

산이 강이
다가와서는
어제까지와는 다른 모습으로
인사를 하곤
이내 덤덤한 채 멀어져간다.

봄가뭄 같았던 일상에
한줄기 시원한 소나기 같은 기대로
풀어놓으면
가방이 그득하다.

나선 하루가
낯선
하지만
부푼
황혼 속에 묻힌다.

장미 여인

장미!
너의 고향은 남국인가 보다.
끓는 열정을 보면

태양이 뜨거운 여름
한낮 뙤약볕 아래
끓는 정열을 가누지 못해
새빨갛게 웃는 웃음이
고혹적인 너

미미한 사랑은 싫이
가슴에 가시를 품고
그것까지 함께 품고
함께 아파해 줄
상대를 찾아
핏빛으로 불타고 있는 넌

불나비 같은 여인

9월이 오면
서서히 식어가는 열기 따라
타던 꽃잎 또한

사위어 가지만
가장 뜨거운
진홍빛 열정으로 사랑한 날들이기에
넌
그렇게
미련 없이 가지를 떠난다.

풀꽃

꽃을 피었다.
초록대궁 위에 발간 호접

끊어질 듯 끊어질 듯
이어지는 한 줄기 푸른 생기로

세월을 기다리다.
이윽고 불어온 훈풍에
여기저기 흩어져 있던 정기
모두어

피어난
한 마리 나비

바람이 불면 하늘하늘 춤추는
풀꽃은
품은 씨앗으로
그 아름다움은 더한다.

사랑의 슬픔

물어라!
뱀!
일반 독사는 말고
너 까치 독사가

깨어져버린 사랑
저미는 그리움
강물 같은 슬픔
애가 끊기는 고통을

네가 무는 이빨에 아픔과
네 독의 고통쯤으로
멎게 해줄 수야 있겠냐만

너덜너덜 헤집어진 가슴
모닥불처럼 타는 심장에
작은 진통이라도 만들 수 있다면야.

물어라!
뱀!
너 까치독사가

진달래

수줍은 아가씨의 무안 탄 볼보다
더 붉은 얼굴은
안타까움 때문인가?

어렵사리 찾아온 언덕에는
아직 찬바람이 불고
가슴 태우며
기다리는 이는 오지도 않는데

해님이 꽃잎에 내리면
홍옥 같은 얼굴
곱게 단장을 하고

지나가는 바람이
꽃잎을 흔들면
빨간 속살로 드러내고 흐드러지게 웃다가

지는 해가 석양에 걸리면
태양보다 더 붉은 얼굴을 하고
피를 토하며
낙화해서
무너져 서러운 마음을 어둠 속에 묻는다.

청보리밭

겨울을 이겨낸 보리밭에
청노루

바람이 불 때마다
너울춤을 추고
햇빛이 해맑으면
초록빛 웃음을 띠우고
비가 오면
녹색 묘안석 같은
눈물을 흘리는 청노루

화사한 봄날
골을 따라
이리저리 뛰놀며
긴 하루를 즐긴다.

송홧가루

인애야!

윤사월
뒷동산 고갯마루
숱한 소나무 가지에서 송홧가루가 날리면
무명보자기에 싸리 막대기 들고
뒷동산을 올랐지

싸리 막대기로
소나무를 두드리면
무명보자기에 떨어지는 송홧가루
그 뽀얗게 날리는 가루 사이로
하얀 눈썹이 되어
웃음을 머금은 홍조 띤 얼굴

세월 지난 지금
고향도 먼 이곳 동산에
송홧가루 날리니
귀밑머리 뽀얗고 웃기 잘하던 가시나이
네 모습이
입 안 가득 번지던 송화다식 맛처럼
눈 가득 떠오른다.

매미 껍질

죽음의 허물인가.
생존의 표시인가.

나무줄기에 붙어있는 매미 껍질이
가슴에 환영처럼 들어와 박히는 순간
6월의 노래와 11월의 탄식이
같은 메아리로 울리고

정지된 하늘에 헛울음을 날리고 있는
삶을 만들어 내고
남겨진 죽음의 껍질
그 빈 눈 속엔 저물어가는 하루가
속절없이 잠긴다.

삶이 버리고 간 허물이
촛농처럼 녹아가는데
천일을 살 것처럼
유감없이 가버린 그대도
며칠 후 같은 곳에서 다시 만나

너와 나 남은 셈을 치르게 되리라.

물어봅시다

여보!
당신 거기서 무얼 하는 거요.

나 말인가?
조물주가 지워준 굴레를 쓰고
인생이라는
요동치는 마차에 올라 덜꺼덩 거리고 있지.
무임승차한 벌로

흔들리는 마차에서 떨어지지 않으려고
안간힘에 허둥거리며
세월 위를 달리다 보면
어느덧
종착역은 가까워 오고

조리질하는 마차에서
어지럼을 타며 보낸 날들은
황토 길바닥에 먼지가 되어 날리고
낡아버린 수레는
앓는 소리 내며
부서질 날을 기다리지.

10월이 가면

짧아지는 가을 날빛을 따라
10월이 가고 있다.
남쪽 동산을 넘는 제비의 등을 타고
10월이 가고 있다.

그렇게
10월이 가고 나면
갈잎에 얹히어 있던 추억의 그림자도
회색의 기억 속으로 묻혀 가고
창가에 머무는 햇볕이 엷어지면
서리가 내리는 밤
휘몰고 지나가는 바람에
울고 있는 문풍지 소린
올해도
이런 저런 요란한 소문만 남기고
그냥 그렇게 가버리는 10월의 진혼곡

책상 위에 내동댕이쳐져 있는
주소 없는 봉투 속에는
가는 10월을 쫓아 떠나보내지 못한
날개 꺾인 사연이 있다.

너는 누구냐

시도 때도 없이 찾아와
어지럽게 머리를 흔들어대는
너는 누구냐.

알 듯 모를 듯 찾아와
알록달록한 깃발을 흔들어대는
너는 누구냐.

짙은 안개 속에 다가와
연기를 피워
매운 눈물 흘리게 하고 떠나는
너는 누구냐.

너무나 밝아
형체를 알아볼 수 없게 다가와
뒤의 검은 그림자만 보이며 가버리는
너는 누구냐.

매일 네 위에서
날 춤을 추면서도
네 형체를 알아보지 못하는 나
나는 누구냐.
나는 누구냔 말이다.

병상의 하루

창문에 난 구멍으로 들어온
동전만한 햇빛을 손바닥에
받아본다.

햇빛 속에 무수히 떠다니는 미세먼지
그 속에도 삶을 유지하려고
치열하게 싸우는 생명체의 생생한 촉감

긴 낮을 아픔으로 싸우다
어렵사리 들었던 잠에서 가위 눌려 깨니
땀 밴 눈에 희미하게 어리는
땅거미에 휩싸여 가는 방안

그 어둠 속에서
무저갱에 빠져
헤어나지 못하는 가련한 생령이
울음도 아닌 웃음도 아닌 표정으로
빤히 내려다보고 있다.

무거운 생명의 굴레를 지고
빛에도 서지 못하고
어둠에도 들지 못하여
방황하는 영혼이 가쁜 숨을 몰아쉬며

제야에

한 해가 갔다.
해와 달이 바뀌고 눈비가 내리더니
또 한 해가 가버리고
이러 말 저런 사연을
가득 실은 수레도
묵묵히 피안으로 사라진다.

다시는
같은 궤적을 만날 수도
뒤돌아갈 수도 없는
무無가 되어버렸다.

머리를 세우고 주먹을 쥐고
가슴 속에
오동나무 한 그루 심었는데
텅 빈 까치집만 석양에 잠긴다.

이렇게 한 해씩 보내고
마침내
너의 미사의 종이 울릴 때
제단 위 사진 속에 너는
배웅하는 사람들에게
어떤 말을 할 수 있을까?

국화차 한 잔에

청명한 날
국화차 한잔 놓고 마주 앉으면
차 향기 속에 어리는
오붓한 분위기

마주하는 눈동자엔
튼실하고 은근한 다기를 닮은
귀애貴愛가 새록새록 하고

피어오르는 향기 위에는
아기자기한 정담이
받쳐 드는 두 손엔
온기로 스며드는 따스한 마음

들어 올린 찻잔엔
찰랑거리는 즐거움
한 목음 문 입안엔
다정한 정겨움이
노란 국화송이로 목안 가득히 찬다.

2014년
작품

눈 위에 발자국

눈 위에 난
하아얀 외줄기 발자국

그것은 미련이다.
뒤편 어디쯤
미련을 남겨두고
홀로 터벅터벅 걸어간 흔적이다.

그것은 그리움이다
눈 쌓인 벌판 저편 어딘가에 있을
그리움을 찾는 자국이다.

그것은 돌아서 가야만 했던 임의
이별이고
가슴 시린 숙명의 자취다.

그것은
미련도 그리움도 이별도
바람에 날려 하얗게 되는
허무다.

개여울에서

2월 중순 어느 날
참 오랜만에
영창影窓에 스며든 햇살
소매 깃을 당기는 등쌀에 끌려
나가 선 천변 둔치

갯가 버드나무 가지 위에
오롯이 올라앉아 재롱치고 있는 버들강아지
겨울에 갇혀 있던 나만 모르는 사이
봄이 입김을 불었나 보다.

개여울
피어오르는 구름 조각을 물고 놀고 있는
파란 하늘 속 송사리 떼의 싱싱한 유영
갈대숲을 지나는 시린 바람에도
봄빛이 어렴풋이 스며들었다.

머리 위
나뭇가지에서 우는 앳된 물새소리가
겨울 동안 묶여있던 나의 넋을
흔들어 몽긋거리게 한다.

불화를 끝내려면

미안하다 말할까 하다
허튼짓 같아
그만두었습니다.

손이라도 잡을까 하고 일어서려다
선부른 짓 같아
그만두었습니다.

돌아서 가는 사람을 쫓아가 잡을까 하다
얼척 없는[6] 짓 같아
그만두었습니다.

전화를 걸까 하고 수화기를 만지다
물색 없는[7] 짓 같아
그만두었습니다.

찾아가 볼까 하고 정류장으로 향하다
낯 없는[8] 짓 같아
그만두었습니다.

---

6) 얼척 없다 : '어처구니 없다'의 전라도 사투리. 어이없다, 황당하다.
7) 물색 없다 : 말이나 행동이 형편에 맞거나 조리에 닿지 아니하다.
8) 낯 없다. : 얼굴이 서지 않아 창피하다의 뜻으로 썼음.

그래서
우리 사이는 아직도
타오르고 있습니다.

이수근 화백의 빨래터

맑은 물 흐르는
마을 앞 개여울 빨래터는
이야기 여울이 되고
물소리는 아낙들의 박장이었다.

그 빨래터에선
녹슨 사랑을 빨았고
지아비의 마음을 씻기었고
아들딸의 꿈을 다듬이질했고
며느리의 가슴이 물질했다.

손때 묻은 빨랫돌 위로
찰랑찰랑
사랑이 흐르고
시리도록 그리운
우리
늙은 어머니의 얼굴이 있다.

어느 봄날에

어제는 개심사에 다녀왔습니다.
아름답고 화려하게 그리고 탐스럽게
왕벚꽃이 만발한 개심사를

화사하고 어여쁜 벚꽃가지가
바람에 흔들일 때마다
당신의 얼굴이 어른거립니다.

꽃비 되어 쏟아지는 벚꽃 길에 서면
웃음이 번지던 당신
어느 날 홀연히 내 곁을 떠나
나를 울렸던 당신
지금도 때때로 생각나면
나는 화살 맞은 참새 되는 당신의

이렇게
망막에 잠겨드는 당신의 모습에
한참을
그렇게 서성거리다
결국
왕벚꽃 가지에 당신을 걸어놓고
돌아서서 왔습니다.

소쩍새 우는 밤

배꽃이 피면 소쩍새가 운다.

하얀 달빛 아래
하얀 배꽃을 물고
하얗게 밤을 새며 소쩍새 울면

봄밤은 하얗게 되고
무게도 잴 수 없는 그리움이 슬픔이 되면
나의 밤은 달빛 아래 지는 배꽃이 되고

기억 뒤편에 두었던 날들이
조각조각 부서져
배꽃처럼 날리면

아련히 들리는
두견이의 울음소리가
천리를 간다.

망부의 사모곡

북을 두드린다.

장소와 때를 가리지 않고
이순이 넘은 나이에

머리를 흔들며 몸을 흔들며
세상의 모든 시름을 잊으려는 듯
미친 듯이 두드린다.

하늘에 별이 된 임

그리움에 가슴이 터질 것 같고
볼 수도 느낄 수도
만질 수는 없음에
허망한 가슴이 무너져 내리면

뿌리는 눈물보다
혼신을 다해 두드리는 북소리
내 가슴에 운다.

세상을 울-린-다.
하늘을 울-린-다.
망부의 사모곡

나리꽃

비 오는 날
우리는 태어났지요.
새악시 연지 같은 얼굴
자궁까지 모두 보이는 유혹
숨길 것 없는 맨몸으로

꽃잎에 맺히는
영롱한 이슬방울은
어쩜 당신의 마음을 빼앗으려는
우리의 요염한 눈물인지 몰라요.

날마다 날마다
푸른 하늘을 향한 관능적인 몸짓
당신을 유혹하는
담황색의 화사한 웃음은
당신이 찾는
우리의 기악妓樂[9]입니다.

---

9) 기악妓樂 : 기생과 풍류를 아울러 이르는 말.

산마루에서

산마루
잔디에 누워
새털구름이 수놓은
하늘 본다.

새소리
풀벌레소리는
교향악

바람에 흔들리는 나무숲은
빛과 그늘의 율동이 화려한 무도장

간간이 풍겨오는 산꽃들의 향기는
대지 어머니의 젖내음

소리와 풍경과 냄새에 취해
한 날이 무상無上[10]하게 지나간다.

---

10) 무상無上 : 그 위에 더할 수 없음. 가장 좋음.

봉숭아꽃

비 오는 날
산기슭 외딴집 울타리 옆
한 뼘 꽃밭에서 봉숭아가 울고 있다.

억압의 시대에는
간난한 사람들의 울밑에 피었던
반세기 전에는
네일아트로 누이들에 손 위에 피었던

지금 꽃밭은
화려하고 요염한 이름 모를 꽃들이 차지하고
산골 줄음 살 맺힌 이들의 꽃밭에서나
간혹 보이는

빗물이 방울방울 맺히는 연분홍 꽃송이에
보조개가 귀엽던
봉숭아 꽃물이 든 하얀 손을 가진
누이 환영이 어린다.

누이야!
떠밀린 봉숭아처럼
세월에 떠밀려 너는

지금 어느 하늘 어느 마을에서
허연 머리 날리며 허한 날들을 헤고 있을까.

가을 그리고

바람이 불면
풀잎들은 쓰러집니다.
당신은
바람이 불면
풀잎들이 쓰러지는 이유를 아십니까?

물결이 일면
연못가 수초들은 일렁입니다.
당신은
물결이 일면
연못가 수초들이 일렁이는 이유를 아십니까?

당신이 내 마음에
바람이 되고 물결이 되면
속절없이 쓰러지고 일렁이는 이 심정을 아십니까?

이 가을!
창공은 옥빛으로 푸른데
놓지 못하는 바램은
낙엽이 되어
흩날리며 떨어집니다.
이 가슴으로

가을이 오는 길목

가을이 오는 길목에서
서성인다.

누군가 올 것 같고
누군가가 갈 것 같아
앞으로 가시도 뒤로 돌아서지도 못하고

앞산으로
해가 기울고
장끼가 운다.

나비 등에 업혀 와서
귀뚜라미 울음소리에 가버리는 세월
그 무게에 조탁澡濯[11])되며
무디어져 가는 오성悟性

둘인 줄 알았던 것이 하나이고
하나일 줄 알았던 것이 둘이 되는
가을의 길목에서

서성이는 마음에
물결이 인다.

---

11) 조탁澡濯 : 씻어서 깨끗이 함.

가을비

더욱 우울하게
쓸쓸하게 서글퍼지게 하는
가을날 저녁때 오는 비

비바람에
몸부림치다 떨어져 흩날리는
낙엽들
풀꽃잎들

가만히 두어도
떨어지고 시들어버릴 낙엽과 풀꽃을
무심히
아니 심술궂게 재촉하는 가을비

황혼의 언덕에서
시간에 쫓기고 세파에 깎이어
헐고 낡아가며
휘청거리다 떨어져 가는 모습이
그 낙엽, 그 풀꽃에 어린다.

가을비 내리는 들길을
걷-는-다.

마른 풀잎에 맺혔다 떨어지는
빗방울을 차며

10월의 마지막

10월의 마지막 밤이 가고 나도
붉게 타는 단풍이 있는 동안은
가을은 아직도 여운의 꼬리를
길게 늘이고 있다.

10월의 마지막 밤이 가고 나면
붉게 타던 가을은 회색이 되고
이 가을엔 하고
가슴 조이며 기대하던 바램도
설운 마음으로 남으리니

갈잎에 휘도는 한 가닥 바람은
시린 마음에 송곳이 되고
마른 꽃잎에 떨어지는 한 줄기 빗물이
서러운 마음에 눈물이 된다.

11월은

가는 가을이
까치밥 홍시 위에서
가늘어진 꼬리를 흔들어
가는 마음이 어수선하게 하고

오는 겨울이
헐벗은 나뭇가지에
돌[12]머리를 흔들어
오는 마음을 을씨년스럽게 한다.

어수선하고
을씨년스러움으로
부산스러워지고

알 수 없는 무엇인가를 흘려버린
허해진 손
마음은 조급해지고
몸은 허둥인다.

11월은
그런 달이다.

12) 돌 : 굳은 것, 찬 것, 무정한 것의 비유.

아베 마리아

아베 마리아
새벽 옹달샘처럼 신선한 이여.
목마른 사슴이 맑은 샘에서
하늘의 별을 봅니다.

아베 마리아
밤하늘의 성좌같이 성스런 이여.
저녁놀이 물든 바다 위에서
출렁이는 황홀한 당신의 얼굴을 봅니다.

아베 마리아
곰솔 위에 백학같이 정결한 이여.
눈꽃이 만발한 설원에서
보채듯 일어나는 서기瑞氣를 봅니다.

아베 마리아
난의 향기같이 그윽한 이여
이 겨울
당신의 향기 포근한 숨결이
깨어진 사기그릇 같은 나의 숨결 위에
머물기를 바랍니다.

여명에

어둠에 잠겼던 사물들이
서서히 형체를 이루며 떠오르고
새로운 한 날을
시작하는 기운이 꿈틀거리며
서서히 눈을 뜨는 시각

밤새
깊은 적막의 나락 잠겼던 영혼이
기지개를 펴들면
접어두었던 기대
놓았던 바램
잊어버렸던 생각들이
풀잎에 내리는 이슬처럼 젖어들고

꿈이 된 지나간 날과
꿈이 될 올 날을 잇는
징검다리 그 위에서
부대껴야할 날일을 생각하며

두 손을 모은다.

2015년 작품

다 저녁에

새들도 모두 둥지를 찾아드는
어스름에
그대가 올 것 같은 길목을
서성인다.

불어가는 바람이
눈보라를 만들고
꺾이는 삭은 삭정이가
언 손을 울 때
시린 발을 털며
조금만 더하던 기다림이
거두지 못한 안간힘으로 끝나면

벼르고 별러 만든 용기는
바람 빠진 풍선이
실의에 빠진 마음은
삭풍에 끊어져 날리는 연이 되고

하늘 저편에 초승달은
하아얀 웃음으로 남는다.

그림자

너와 나의 닫힌 창문을 열면
가슴에 드리운 그림자 보인다.

너와 나의
감정의 골을 따라
서로 만나서 부딪치고 엉클어지며
만들어지고 키워져
앙금으로 남아
눈물이 되고 웃음이 되는
그림자

너의 그림자에
민감하던 나는
어떤 그림자를 너에게
드리웠을까?

옛 사람

나는 지금
그 사람의 얼굴을 기억하지 못한다.
아니 어렴풋하다.

한때는
밤톨 하나만 들어도 생각나던 사람
지금은 흔적조차 까뭇하다.

수십 년 흘러간 세월의 파고가
서서히 조탁한 때문인지
쌓인 세월 두께에 막혀버린
기억 때문인지
이제는
곧아진 추억의 낚싯바늘에는
빈 찌만 흔들리고

휘휘한
하늘에는
흰 구름만 흐른다.

봄의 상념

꽃구름 피던 날
나는
아지랑이 피어오르는
청보리밭
종달새 날개 위에 오른다.

소슬바람에 실려 온 임 소식이
진달래 꽃잎 위에 붉게 물들면
나는
노랑나비 되어 그 향기에 춤춘다.

꾀꼬리 노래 같던 봄
아침 햇빛 아래 물안개처럼 흩어지면
나는
잃어버린 봄
그 허허로움에
라일락 꽃잎이 떨어지는 숲길에서
흩날리는 꽃잎 하나하나에
허탄虛誕을 실어 띄운다.

산길에서

이제 막
봄바람을 따라잡은 우듬지에
새로 돋은 초록이 흔적처럼 자리 잡은
산길을 간다.

엷은 봄이
바람소리에 기지개를 켜면
잠을 털고 몽우리 속에서 일어나는
어린 새싹 앙증스럽다.

기지 위에선
봄 마중 나온 산새들
지나가는 길손에게 인사 건네고

양지쪽에서 해바라기하던
다람쥐는
나그네의 발걸음에 놀라 달음질친다.

호젓한 산길
몸은 혼자이나
마음에 닿는 친구들로
휘휘한 줄 모른다.

물그림자

당신은 물그림자

별도 없는 검은 밤에도
선명히 드리우는
다가갈 수도
잡을 수도 없는
물그림자

하지만
기억에 박힌 파편이 되어

생각만 하여도
드리워지고
바라만 보아도
여울지는 물그림자

봄이 오면

봄이 오면
사랑하는 이여 편지를 써요.
눈 오는 밤
베갯머리에 쌓이던 꿈을
해토된 대지
그 땅에서 피어오르는 아지랑이처럼 서린 이야기를

봄이 오면
사랑하는 이여 노래를 불러요.
얼음 풀린 실개천이 졸졸거리고
우듬지에 움트는 새싹
그 가지 사이에서
사랑의 세레나데를 부르는 산새들처럼

봄이 오면
사랑하는 이여 여행을 떠나요.
묵은 때는 훌훌 털어 세월에 띄우고
꽃나비 불러온 꽃바람을 타고
활짝 핀 꽃터널 그 길을 따라

전시

근해 또는 원양에서
힘차게 물살을 가르던 지느러미를
늘어뜨리고
생선가게
가판대 위에 누워있는 생선들

바닷물 일렁이던
아가미에는
허한 공기만
유연한 곡선, 활기 넘치던 몸매에는
비릿한 냄새만
생기 잃은 동그란 눈동자엔
스며버린 파도 한 굽이가
눈물처럼 고여 있는데

가판대 앞 서성이며
멋대로 먹여진 값 따지며
이것저것을 뒤척이는
손길에
비낀 상처가 아픔이 된다.

정도리

정도리 구계동에 가면
헤아릴 수 없는 조약돌들이
크고 작은 이야기 속살거린다.

몽글몽글한 이야기
사각사각거리는 이야기
올망졸망한 이야기
달그락달그락거리는 이야기

수만 년
바다와 살을 비빈 세월은
푸른 전설이 되고
육지와 뒹군 날들은
달군 이야기가 되어

듣는 이가 없어도
속살거린다.

세연정에서

오백 년 전의
어부사시사가 은은한 메아리가 되는
세연정에 섰다.

비바람에 씻긴
마루마다 기둥마다
옛 거인[13]의 숨결이 깃들어 있고
연못가
노송의 줄기마다
세월의 이끼가 낀 너럭바위
체온이 서려 있는데

선생이 남기고 가신
오우가
바람결에
오우가를 부르는 길을
임 따라 걸으니
소록소록 피어나는
향토 짙은 선조의 높고 귀한 향기여

---

13) 윤선도

그이는

그이는
진주처럼 예쁘고
보석처럼 빛나진 않아도
차돌처럼 단단하고
옥석처럼 그윽하죠.

그이는
장미처럼 화려하고
호랑나비처럼 호화롭진 못해도
들국화처럼 싱그럽고
꿀벌처럼 부지런하죠.

그이는
공작처럼 우아하고
학처럼 고고하진 않아도
농병아리처럼 활달하고
바다갈매기처럼 친근하죠.

그이는
한낮 햇볕처럼 열정적이고
한밤의 별처럼 반짝이진 못해도
아침 이슬처럼 해맑고
저녁노을처럼 포근하죠.

산천어

산이 좋은 산천어는
초록 물속에 산다.
푸른 하늘 싱그런 바람 맑은 물
마시며

바위에서 떨어지는 물소리는
어버이의 혼
조약돌에 졸졸거리는 소리는
누이의 노래

날렵하고 수려한 몸매
계곡을 거스르는 힘찬 몸짓엔
봄 꽃
여름 녹음
가을 단풍
겨울 설화가 흔적이 되고

맑은 눈동자엔
굽이치는 물결 넘어 푸른 하늘이
그리움이 되어
깊숙이 어린다.

어느 무명시인의 노래

남들은 한낱 여린 포자일 뿐이라 해도
내겐 놓칠 수 없는 잉태입니다.
남들은 흔한 잡풀 한 포기라 해도
내겐 푸르고 싱싱한 방초입니다.

남들은 흔해 빠진 들꽃이라 해도
내겐 혼불이 녹은 정화精華입니다.

흐려지는 예지를 뿌리 삼고
둔해지는 감성을 줄기로
끌러 모은 열정을 기틈으로 하여
피어난 혼불

화려한 꽃들이 만발한 꽃밭에서
가벼운 바람에도 흔들리는
작고 못난 꽃송이 피어놓고
어눌한 몸짓을 해봅니다.

성하盛夏의 녹음 아래서

8월의 태양 아래
용트림하는 열사

뜨겁고 무더워질수록
다툼은 깊어지고
결실의 열망 또한 더욱 왕성해지는데
더해지는
잃어버린 날에 대한 회한

높아 가는 거둠에 대한 욕망은
피할 수 없이 다가오는
빙하의 계절에 대한 잉태된 불안

날줄과 씨줄 사이에서
바빠지는 베틀의 북처럼
소득과 손실의 사이를
부지런히 오가며 넘어야 하는
소실점의 때

귀뚜라미 우는 밤

한밤
밝은 달을 이고 나는
기러기의 울음소리를 간주곡으로
들창 아래
귀뚜리가 운다.

달빛 스미는 창문가
허허로운
외로움이 내리고
더욱 맑아지는 머릿속엔 잊혔던 추억이
아려오는 가슴에 그리움이
물결치면

어느새 일어나
기차역으로 달려가지만
가야 할 역명을 알지 못해
애만 태우다 깨면

어설피 든 잠에
이루지 못한 꿈을 귀뚜라미소리가 삼킨다.

꿈에

어젯밤 꿈에
열 살 때
하늘에 별이 된 여동생을
꽃밭에서 만났다.

봉숭아 채송화 분꽃 맨드라미 과꽃 등
많은 꽃이 피어 있는 꽃밭에서
동생은 꽃 같고 꽃은 동생 같았다.

세월은 빛살 같이 흘러
저만치 요단강 물이 보이는데
아직도 열 살을 살고 있는 동생
그립고 애잔한 마음
달려가 안으려는데
품에 안기는 것은 바람이었다.

가슴을 아리게 하는
허망한 바람

삼척 여행길에서

여보시오. 벗님네들
이네 말을 들어 보소.

우리의 만남이 어언 반세기
빛살처럼 흐르는 세월에
청노루 같던 우리가 어느덧 황혼 길
기울어져 가는 해를 보며
뒤돌아보는 길엔 회한도 남겠지만

100세 시대의 70은
70세 세대의 40이라 하오.

회오리바람 같은
삶의 소용돌이도 지나고
어깨 짓누르는 무거운 짐을 지고
오르던 고개도 넘어
이제는 조금은 여유로워진 길

달리던 걸음을 멈추고
찡그린 얼굴도 펴고
들꽃도 보고 산새소리도 듣고
하늘의 흰 구름도 보면서

어제보단 오늘이
오늘보단 내일이
비낀 석양
벗님들의 남은 길에 향불이 되는
그런 나날이 되시기를

당신의 손을 잡고

삼십에 당신을 만나
어언 칠십 하나
당신의 손을 잡고 달려온 긴 세월입니다.

그 세월 동안
엎어지고 자빠지는 나를 일으켜 세우고
분해서 울고 슬퍼서 우는
나의 눈물을 닦아 주느라
병아리 털 같던 당신의 손은
장닭의 발이 되었습니다.

잠이든 당신의 손을 가만히
잡아봅니다.
사십여 년 간 나를 잡아 온 감사와
지금도 나를 단단히 잡고 있는 고마움이
가슴에 샘물처럼 차오릅니다.

이 따뜻한 손
이 사랑의 손을
언젠가는 놓아야 한다는 생각이 들면
가슴이 서늘해옵니다.

하지만
당신의 손이 나를 잡고 있는 동안은
충분히 즐거우리라는 믿음이 있기에
오늘도 나는
당신의 손을 잡고
내일을 꿈꿀 수 있습니다.

비의 랩소디

가랑비 오는 날
공원에 서면

우산에 떨어지는 빗방울소리
후드드드득
음악의 한 마디

하늘에서
떨어지는 빗방울이

꽃잎에
나뭇잎에
풀잎 위에
맺혀 음표를 만들고

바위에
흙 위에
물 위에
부딪쳐서 악보를 만들고

낙숫물소리
도랑물소리

빗방울에 실어 온 바람소리가
악장을 이룬다.

들으면
가랑비 오는 공원에는
비의 랩소디[14]가 울린다.

14) 랩소디(rhapsody) : 관능적이면서 내용이나 형식이 비교적 자유로운 환상적인 기악곡

청령포에서

영월군 청령포 하늘에는
지금도 560년 전의 애절함이 고스란히
배어있다.

단종어소에는
오늘과 내일을 알 수 없었던
어린 단종의 불안과 초조, 삶에 대한 애착이
서럽게 서려 있고

망향탑엔
어린 임금의 한이
바람이 되어 떠돌고
노산대에는
비수悲愁가
강물이 되어 흘러내린다.

600여 년이 된 관음송 푸른 솔잎에는
그날의 일들이 오롯이 각인되어
푸르게 푸르게 돋아있어

역사의 한 꼭지를 찾아
걸음을 멈춘 먼 후손의 가슴을
서늘케 한다.

어디서 무엇이 되어

어디서 무엇이 되어
어디로 갈까?

기약 없이 왔으니
기약 없이 가야겠지.

맑은 날 오후
여울 가에 앉아 흐르는 물속을 들여다본다.
여울져 얼룩이는 물속에는
흔들리는 낯익은 사내의 얼굴이 있고
사내의 머리 위로
구름이 그리고 바람이 지나간다.

구름도 바람도
온 곳도 가는 곳도 모르고
흘러간다.

어디서 무엇이 되어
어디로 갈까?

기약 없이 왔으니
기약 없이 가는가?

달

달

어둠을 먹고 자라고
어둠을 토하며 죽어가는 달!

바람에 흔들리고
구름에 낯 가리는 당신은

꽃이 피는 봄에는
매화 꽃잎에 떨어지는
두견이의 애끊는 마음을

초록내음이 무성한 밤
풍성한 나무 그늘에서는
한여름밤의 몽환을

오동나무 잎이 파문이 되는 날엔
시든 백일홍의
이루지 못한 허망한 꿈을

산골짝에 흰 눈이 덮이면
잃어버린 짝을 찾아 눈 속을 헤매는

고라니의 사무치는 그리움을

다독이며
사해 같은 밤하늘을
홀로 항해하는

당신은 그런 달입니다.

12월에

저물어 갑니다.
사랑하는 이여.

당신과 내가
이인삼각이 되어
나의 왼발엔 당신의 오른 발을
당신의 왼발엔 나의 오른 발을 맞추며
걸어온 한해가

때로는 맞지 않는 박자로
뒤뚱거리고 넘어지기도 했지만
지나고 나면 아련한 추억이 되는
그런 한해가 하루처럼 저물고 있습니다.

이렇게
세월은 속절없이 허무하게 지나가지만
더 해지는 세월의 무게만큼
우리의 사랑은 굵어져
백 년 후에도 끊어지지 않는
금줄이 되리라 믿기에

밝아오는 날들이

오월 맑은 날
강변 금모래 같이
반짝입니다.

1월 1일에

시작이다.
돌 같은 다짐
대나무같이 꼿꼿이 서서
'다시 시작이다'하고 외친다.

질곡과 염려는
영원히 가버린 낡은 해에 실어 보내고
정수리에는 소망의 향료를 붇고
열정의 향불을 가슴에 태우며

몸과 마음은 쓸수록
건강해진다는
정리定理를 잊지 말고
돋울 수 있다는 믿음과 희망을 잡고

밝아오는 새날들을
하루같이
오늘 아침의 이 마음으로
새벽을 열자.

작품해설

작품해설

사랑과 그리움의 환치와 시적 모티브

– 이의영 시인의 Muse

김 용 언 (시인 · 한국작가연대 이사장)

이의영 시인은 과묵한 편인데 비해 시창작에 대한 열정은 유별날 정도다. 십여 년 전에 글핀샘문학회에서 같이 활동을 하면서 알게 된 문우다. 국문학을 전공하지는 않았지만 많은 작품집을 읽으며 시동인들과 합평회를 하면서 스스로 시작법을 연구하는 열성파다.

두 번째 시집을 펴낸다면서 나에게 원고를 보내왔다. 작품보다는 이의영이라는 시인에 대해 잘 아는 사람을 꼽는다면 내가 걸맞다며 시 해설을 부탁하는 것이다.

사실 이의영 시인의 삶의 뿌리에 대해서는 자세히는 모른다. 다만 몇 년간 작품을 접하면서 주마간산走馬看山 격으로 작품을 살펴본 것이 전부일 수도 있다.

제1시집의 해설을 썼었는데 그때 시의 테마는 주로 자연에 대한 찬가였다. 어찌 보면 누구나 접하는 평범한 자연이지만 시인마다 보는 관점이 다르기 때문에 맛과 멋이 다를 수 있다. 그는 공학도이므로 과학자적 안목으로 관찰하고 표현할 것 같았으나 예상과는 달리 가장 감성적인 눈으로 모든 사물을 관찰하고 표현하고 있었다.

이의영 시인은 상상보다는 주로 경험에 의한 작품 쓰기에 열중하고 있다.

경험이란 상상에 의한 경험, 직접 경험, 간접 경험 등을 꼽을 수 있는데, 이 시인은 직접 경험을 바탕으로 글을 쓰는 편이다.

나는 이의영 시인에게 감성이나 경험보다는 경험에 상상력을 동원하여 글을 쓰라는 주문을 하지만 과학도인 그는 그것이 그리 쉽지 않은가 보다. 상상, 혹은 가상을 가장 진실처럼 쓸 때 좋은 글이 나올 수 있다는 말의 의미를 묵과하는 인상이다.

이의영 시인이 두 번째 상재하려는 작품의 모티브를 살펴보면 네 가지로 압축이 된다.

첫 번째는 '사랑이 모티브'가 된 작품이 주를 이루고, 두 번째는 '이별을 테마'로 한 작품, 세 번째는 '그리움과 회한의 정'을 다룬 작품 네 번째는 '자연과 일상'에 관한 작품들이다.

이 시인은 떠나보낸 사람(작품에서는 임이라 표현)에 대한 표현이 애절할 정도다.

어찌 보면 저리도 자상하고 치열할 수 있을까 의분이 갈 정도다.

「기도」 라는 작품을 보면 사랑하는 사람에게 간구하는 절실할 심정을 쓰고 있는데 여성편향적이기도 하다.

세상이 아직 잠에서 깨어나기 전
엷게 드리운 여명의 빛을 받으며
인자한 미소를 띠우시는
당신의 발 아래 꿇어앉아 두 손을 모읍니다.

때로는 돌덩이가 되고
때로는 가시가 되는 인생의 굴레로
달빛이 드리운 창에 지나가는 미풍이 하는 노크도
오동나무 그림자의 설핀 인사도
가늘게 떠는 문풍지의 가냘픈 울음조차
상처진 가슴에 칼이 되는 긴 밤을 지내고

엉켜버린 실타래 같은 심사
포탄 맞은 쑥대밭 같은 머릿속
깊은 물에 잠겨 터질 것 같은 가슴을 안고
당신을 찾아 무릎을 꿇었습니다.

나를 창조하신 이여!
모닥불 위에 놓인 검불 같은 가슴
물 빠진 웅덩이에서 퍼덕이는 물고기 같은 심정
소금에 담가 절어버린 배춧잎처럼 지친 몸
이런 나를 당신의 긍휼에 맡기오니
구하소서.
나를

—「기도」 전문

사랑에 지친 자기 자신을 구제할 사람은 당신밖에 없다고 간구하고 있다. 그립다는 정도를 뛰어넘어 목숨과 바꿔도 아깝지 않다고 토로하고 있는 것이다. 그렇다면 그 임의 정체는 누구일까?

젊어서 이루지 못한 첫사랑일 수도 있고, 철들어 이별한 사랑일 수도 있고, 그의 정신적 지주가 되는 신과 같은 존재일 수도 있다.

그러나 자세히 보면 "삼십에 당신을 만나 / 어언 칠십 하나 / 당신의 손을 잡고 달려온 긴 세월입니다."라고 그 대상을 밝히고 있다. 아내에 대한 사랑의 깊이를 느낄 수 있는 대목이며 임을 구체화시킨 작품이다.

사랑을 근원을 찾아 방황하는 모습도 발견하게 된다. 「옛 사랑」 이라는 작품을 보면 "나는 지금 / 그 사람의 얼굴을 기억하지 못한다 / 아니 어렴풋하다 // 한때는 밤톨 하나만 들어도 생각나던 사람/지금은 흔적조차 까뭇하다"라며 희미해지는 추억을 곰씹어 보기도 한다. 까뭇하다, 어렴풋하다는 실지로 어렴풋하다기보다는 반어법에 의한 강조로 보인다.

그리운 얼굴은 별이 된 동생일 수도 있다. 「꿈」 이라는 시를 보노라면 "어젯밤 꿈에 / 열 살 때 / 별이 된 여동생을 / 꽃밭에서 만났다 // 봉숭아, 채송화, 분꽃, 맨드라미, 과꽃 / 많은 꽃이 피어 있는 꽃밭에서 / 동생은 꽃 같고 꽃은 동생 같았다"라며 그리움의 대상이 동생임을 밝히기도 했다. 그러나 그의 그리움의 대상은 거의 꽃이나 나무로 대치를 해서 미화시킨 점을 발견하게 된다.

이렇듯 그가 시화한 대상이 임이라는 시어로 압축했으나 그 임에 대한 그리움은 때로는 아픔으로 표현하기도 했다. 유한무정이라는 말을 상기하게 된다.

작품만으로는 알 수 없으나 '시인이 사랑하는 임은 만날 수 없는 임일 수도 있다'고 유추하게 된다. 그래서 시인은 몹시 괴로워하고 있다. 그와 같은 시인의 마음을 아래 작품에서 엿볼 수 있다.

북을 두드린다.

장소와 때를 가리지 않고
이순이 넘은 나이에

머리를 흔들며 몸을 흔들며
세상의 모든 시름을 잊으려는 듯
미친 듯이 두드린다.

하늘에 별이 된 임

그리움에 가슴이 터질 것 같고
볼 수도 느낄 수도
만질 수는 없음에
허망한 가슴이 무너져 내리면

뿌리는 눈물보다
혼신을 다해 두드리는 북소리
내 가슴에 운다.

세상을 울-린-다.
하늘을 울--린다.
망부의 사모곡

― 「망부의 사모곡」 전문

만날 수 없는 임에 대한 시인의 마음은 그리움에서 아픔 단계로 넘어 간다. 그 아픔은 환생을 통해서 만나기를 열망하고 있다. 「환생」 이라는 작품을 보면 “봄꽃 같은 그대여! / 우린 다음 세상에는 어느 별로 갈까 / 하늘이든, 땅이든, 물속이든 / 그대와 같이라면 / 못 갈 곳 어디 있을까”라며 그리움과 그리움에 사무치는 마음 갈피를 표현하고 있는 것이다. 시인의 사랑과 그리움은 거의 종교에 가까울 정도다.

시인의 마음은 여리다.

사랑과 그리움을 찾아 방황하는 모습이 역력하다.

새들도 모두 둥지를 찾아드는
어스름에
그대가 올 것 같은 길목을
서성인다.

불어가는 바람이
눈보라를 만들고
꺾이는 삭은 삭정이가
언 손을 울 때
시린 발을 털며
조금만 더 하던 기다림이
거두지 못한 안간힘으로 끝나면

벼르고 별러 만든 용기는
바람 빠진 풍선이
실의에 빠진 마음은
삭풍에 끊어져 날리는 연이 되고

하늘 저편에 초승달은
하아얀 웃음으로 남는다.

— 「다 저녁에」 전문

그리움에 서성이지만 오지 않는 임을 바라보며 하얗게 빛나는 별을 바라보지만 하얗게 웃는 달은 바로 자기 자신인 셈이다.

임에 대한 그리움과 손에 잡히지 않는 임을 표현한 작품은 여러 작품에서 만날 수 있다.

시인이 그리움 혹은 사랑하는 이에 대한 접근 방법은 몇 가지로 구별할 수 있다.

직접적으로 그리움을 피력하는 방법이 있고 간접적인 방범으로 추구하는 방법도 있다

예쁜 색종이로 종이배를 접어
강물에 띄워 보냅니다.
사모를 실어
갈 수 없는 그대에게

강물 따라 흘러가던 종이배
물살에 쓸려 강물에 빠지면
나의 사모도 강물에 빠져
헤어나지 못하고 물결에 휩쓸립니다.

소용돌이 급물살에 종이배가 풀리면
사모도 풀리어

강물 속으로 자취를 감추지만
세월의 모퉁이에 걸려 있는
지워지지 않는 흔적에

나는 종이배를 접습니다.

— 「종이배」 전문

위 시는 관념적인 시이기는 하지만 시인의 심정을 읽기에는 충분한 작품이다. 물살에 쓸려 사라져도 쉬임 없이 종이배를 접겠다는 의지를 엿볼 수 있는 것이다.

이런 반면 사랑이라는 대상을 만나지 못하면 담담한 심정을 자기 자신에 묻는 작품도 있다.

누가 나에게 길 좀 가르쳐 주소.

나는
나의 앞에 길이 있기에
그냥
그 길이 내가 걸어야 할 길이라 여기고
그 길을 따라 어정어정 걸어 여기까지 왔는데

갑자기
눈앞이 아득하오.

어제까지는
햇빛도 비치고
진흙탕이 있고 돌멩이는 굴러도
비틀대면 걸어왔는데

오늘 아침 깨어보니
어둠이 내리고
거센 바람마저 불어
당황하고 정신까지 혼미해져

온 길도 갈 길도
분간이 안 되어
한 발짝도 못 움직이고 허둥거리고 있다오.

이런 나에게
길 좀 가르쳐 줄
거기 누구 없소.

— 「길 좀 가르쳐 주소」 전문

또한 극에 도달하면 마치 자학하는 듯한 작품도 보인다.

사랑과 그리움을 감당키 어려워 차라리 죽음을 선택하고 싶은 심리묘사가 「사랑의 슬픔」 이라는 작품에서 읽을 수 있다.

물어라!
뱀!
일반 독사는 말고
너 까치 독사가

깨어져 버린 사랑
저미는 그리움

강물 같은 슬픔
애가 끊기는 고통을

네가 무는 이빨에 아픔과
네 독의 고통쯤으로
멎게 해 줄 수야 있겠냐만

너덜너덜 헤집어진 가슴
모닥불처럼 타는 심장에
작은 진통이라도 만들 수 있다면야.

물어라!
뱀!
너 까치독사가

— 「사랑의 슬픔」 전문

처절한 사랑과 그리움을 발견할 수 있는 대목이다.

이런 반면 자기 자신 혹은 그리움의 대상의 정체에 묻고 있다. 참으로 아니러니 한 일이다.

시도 때도 없이 찾아와
어지럽게 머리를 흔들어대는
너는 누구냐.

알 듯 모를 듯 찾아와
알록달록한 깃발을 흔들어대는
너는 누구냐.

짙은 안개 속에 다가와
연기를 피워
매운 눈물 흘리게 하고 떠나는
너는 누구냐.

너무나 밝아
형체를 알아볼 수 없게 다가와
뒤의 검은 그림자만 보이며 가버리는
너는 누구냐.

매일 네 위에서
날 춤을 추면서도
네 형체를 알아보지 못하는 나
나는 누구냐
나는 누구냔 말이다

— 「너는 누구냐」 전문

사실 4차산업시대에 살면서 그리움의 대상이 무엇이며 내가 왜 그리워하는가를 생각할 때도 많다. 이의영 시인이 그렇다는 것은 아니지만 아무튼 이 시인들은 사랑, 그리움이라는 지독한 바이러스에 시달리는 것만은 확실하다.

이런 반면 금번 상재하는 작품 중에 「비의 랩소디」라는 작품이 눈길을 끌었다. 작품이 우수하다기보다는 모든 작품이 사랑, 그리움, 회한이라는 테마인데 비해 「비의 랩소디」는 시인의 눈에 잡힌 자연의 한 포인트를 혜안의 안목으로 관찰하고 표현했다는 점이다.

가랑비 오는 날
공원에 서면

우산에 떨어지는 빗방울 소리
후드드드득
음악의 한 마디

하늘에서
떨어지는 빗방울이

꽃잎에
나뭇잎에
풀잎 위에
맺혀 음표를 만들고

바위에
흙 위에
물 위에
부딪쳐서 악보를 만들고

낙숫물소리
도랑물소리
빗방울에 실어 온 바람소리가
악장을 이룬다.

들으면
가랑비 오는 공원에는
비의 랩소디가 울린다.

—「비의 랩소디」 전문

즉 비 오는 장면을 촉각과 청각을 동원해서 시각화한 표현법이 타 작품에 비해 특이한 점이다.

그리스의 시인 시모니데스가 한 말 "회화는 말 없는 시요, 시는 말하는 그림이다"라는 말을 실감케 한다.

그림을 그리는 듯한 이 작품에서 그림의 한 장면을 연상케 하고 한 편의 동시를 읽는 산뜻한 맛을 느낄 수 있다.

때로는 자연의 한 단면을 백지에 올려놓은 듯한 시감을 느낄 수 있었다.

맺는 말

이 시인은 시적 기교나 다양한 작법을 구사하지 않으면서도 감흥을 주는 것은 진솔성 때문이다. 열정과 진실성이 돋보이기 때문에 시의 맛을 느끼게 하는 시인이다.

이의영 시인의 가슴 속에는 불덩이가 들어 있다. 그 불덩이를 '어떤 방법으로 어떻게 풀어낼까'하는 것이 숙제인 것이다.

불덩이에 자신이 화상을 입을 수도 있다. 그 불덩이를 어떻게 환치하느냐에 따라 작품이 불덩이가 되어 독자의 가슴에 불을 붙일 수도 있다.

추억 속의 사랑이라면 생명을 불어넣어 부활을 시도해야 하고 신에 대한 사랑이라면 관념적 표현을 탈피해서 시적 표현으로 승화하는 작업이 필요한 것이다.

더욱 정진하여 독자들과 소통하며, 독자를 감동시키는 작품을 써주길 바란다.

이 도서의 국립중앙도서관 출판예정도서목록(CIP)은 서지정보유통지원시스템 홈페이지(http://seoji.nl.go.kr)와 국가자료공동목록시스템(http://www.nl.go.kr/kolisnet)에서 이용하실 수 있습니다.

CIP제어번호 : CIP2018026251

이의영 시집

어느 풀꽃의 랩소디

초판인쇄일 2018년 08월 20일
초판발행일 2018년 08월 25일

지은이 : 이의영
발행인 : 김순진
편집장 : 전하라
디자인 : 김초롱
펴낸곳 : 문학공원
등 록 : 2004년 3월 9일 제6-706호
주 소 : 우편번호 03382 서울 은평구 통일로 633
녹번오피스텔 501호 스토리문학사
전 화 : 02-2234-1666
팩 스 : 02-2236-1666
홈페이지 : http://cafe.daum.net/yob51
이메일 : 4615562@hanmail.net

※ 책값은 뒤표지에 있습니다.
※ 저자와의 협의에 의해, 인지는 생략합니다.